1 Drachenkopf
2 Kiel
3 Vordersteven
4 Vordeck
5 Riemen (Ruder)
6 Ablage für die Riemen
7 Wenig Stauraum unter den Planken
8 Steuerruder
9 Kiel
10 Hintersteven
11 Sitz für Steuermann
12 Schilde
13 Mast
14 Rahe
15 Segel

Ingo Siegner

erforscht die Wikinger

Ingo Siegner

erforscht die Wikinger

cbj

Inhalt

Ein Drachenschiff voller Kokosnüsse

„Ahoi!", ruft der Feuerdrache Kokosnuss. „Ahoi, und auf zu neuen Abenteuern!"
Zusammen mit dem Stachelschwein Matilda und dem Fressdrachen Oskar lässt er sich die frische Seeluft um die Nase wehen. Die Freunde sind an Bord ihres Drachenschiffs, das sie vor einiger Zeit zusammen mit Gudröd dem Schmächtigen gebaut haben. Das gestreifte Segel bläht sich im Wind, und vorne am Bug ragt der hölzerne Drachenkopf hoch auf. Den hat Gudröd geschnitzt! Er ist ein geschickter Handwerker und außerdem ein echter Wikinger, groß und stark und immer zum Kampf bereit.[1]
Im Heck, hinten im Schiff, klappern in einer Holztruhe leise die Kokosnüsse, die die Freunde als Reiseproviant dabeihaben. Der kleine Feuerdrache betrachtet den geschnitzten Drachenkopf, der fast lebendig aussieht. Wikinger kennen sich mit Drachen gut aus, findet Kokosnuss.
„Was Gudröd wohl gerade macht?", fragt er.
„Vielleicht ist er mit seinen Kumpanen auf Raubzug unterwegs", grummelt Matilda.
„Glaub ich nicht", antwortet Oskar. „Es macht ihm doch viel mehr Spaß, mit den Dorfbewohnern zu handeln als sie zu überfallen."
„Komisch eigentlich", sagt Kokosnuss. „Ich dachte immer,

[1] Die Freunde haben Gudröd geholfen, als ihm ein Diebstahl in die Schuhe geschoben werden sollte. Das wird in „Der kleine Drache Kokosnuss und die starken Wikinger" erzählt.

die Wikinger sind alle fiese Seeräuber. Aber als wir Gudröd und die anderen kennengelernt haben, waren sie gar nicht so gefährlich."

Mit einem Mal zieht eine dicke Wolke vor die Sonne und der Wind wird stärker.

„Jedenfalls sind die Wikinger sehr gute Schiffsbauer und Seefahrer", sagt Matilda.

„Wisst ihr noch, dass Gudröds Anführer, Erik der Rote, bis nach Amerika[2] segeln wollte? Ich frage mich, wie die Wikinger bei schlechtem Wetter, wenn sie die Sonne nicht sahen, den Weg übers Meer gefunden haben."

Die Wellen werden immer höher und krachen gegen den Bug des Drachenschiffs. Die Freunde können das Wasser

[2] In Amerika siedelten bereits die amerikanischen Ureinwohner, die später als „Indianer" bezeichnet wurden. Die Europäer hatten den neuen Kontinent zu diesem Zeitpunkt noch nicht entdeckt.

gar nicht so schnell aus dem Boot schöpfen wie neues nachschwappt. Donner grollt und Blitze zucken über den Himmel.

„Ein Unwetter!", ruft Kokosnuss. „Haltet euch am Mast fest, damit ihr nicht über Bord geht!"

Das Meerwasser spritzt den Freunden entgegen, bis sie vollkommen durchnässt sind. Der Sturm reißt am Segel, es flattert, reißt und fliegt davon. Und plötzlich hebt eine riesige Welle das Drachenschiff hoch ... und nimmt es mit sich! Kokosnuss kneift die Augen zu und überlegt, ob er auch den Wikingergott Odin anrufen soll. An den hat sich Gudröd immer gewandt, wenn er in Schwierigkeiten war. Und jetzt sind sie auf einem Wikingerschiff ... und brauchen dringend Hilfe!

Willkommen bei den Wikingern

Als Kokosnuss die Augen aufmacht, ist es plötzlich ganz still. Der Sturm ist vorbei. Ihr Drachenboot liegt auf einem Sandstrand. Ringsherum ragen grüne Hügel auf. Erstaunt lassen Kokosnuss, Oskar und Matilda den Mast los.
„Puh, wir sind nicht untergegangen", stellt Oskar erleichtert fest.

„Aber wo sind wir?", fragt Matilda.
„Halloooo!", ruft jemand, der am Strand entlangspaziert.
„Gudröd, bist du das?", fragen die Freunde wie aus einem Mund.
„Ach, guck an, die Drachenfreunde und das Stachel-

schwein", antwortet Gudröd überrascht.

„Matilda, Kokosnuss und Oskar, wenn ich bitten darf", antwortet Matilda. „Wie gut, dass wir dich treffen, Gudröd. Wir sind in einen Sturm geraten und wissen gar nicht, wo wir sind."

„Tja, das mit dem Sturm sieht man …", sagt Gudröd und betrachtet das Schiff. „Da haben die Meerestrolle **Margygjar** und **Hafgerdingar** ein böses Spiel mit euch getrieben. Das Segel ist weg! Ihr hättet den Mast einklappen müssen!"

„Das wussten wir nicht", sagt Kokosnuss.

„Und wo sind wir jetzt?", fragt Matilda.

„An der Südwestküste Norwegens in meinem Dorf", sagt Gudröd. „Willkommen bei den Wikingern!"

Im Wikingerdorf

Die Holztruhe mit den Sachen der Freunde ist zum Glück nicht über Bord gegangen! Kokosnuss, Matilda und Oskar hieven sie aus dem Schiff und folgen Gudröd. Das Wikingerdorf liegt direkt hinter einer Düne. Eigentlich sind es mehrere Bauernhöfe, die sich zwischen Feldern und Weiden in die Landschaft ducken. „Oben im Norden sind die Küsten steil und zerklüftet, aber hier im Südwesten können wir auf den weiten Flächen Getreide anbauen und unser Vieh grasen lassen", erklärt Gudröd. „Freyr, der Gott der Fruchtbarkeit, segnet uns mit reichen Ernten …" „Bist du Bauer geworden?", fragt Matilda. „Ich dachte, du arbeitest als Seeräuber!"

„Oder Händler?", sagt Oskar. „Schiffsbauer und Steuermann?", sagt Kokosnuss. Gudröd lacht. „Das bin ich alles gleichzeitig. Gar nicht schlecht, was? Kommt und lernt meine Familie und meinen Hof kennen!"
Er führt die drei Freunde zu einem Langhaus, das von einigen niedrigen Nebengebäuden umgeben ist. Die Wände sind aus Holz und verflochtenen Zweigen, die mit Lehm bestrichen wurden. Es gibt keine Fenster. Das Dach ist mit dicken **Grassoden** gedeckt, großen Grasstücken, die aus der Erde gestochen wurden. Aus einem Loch im Dachfirst kommt Rauch. Gudröd macht eine ausholende Handbewegung.

„Hier wohne ich mit meiner Familie, meinen Sklaven, Schafen, Hühnern und zwölf Kühen", sagt er stolz.

„Du hast Sklaven?", fragt Kokosnuss.

„Natürlich, sie helfen als Knechte bei der Feldarbeit, vor allem, wenn ich im Sommer unterwegs bin", antwortet Gudröd.

Die Freunde sehen sich an. Sie wussten bisher nicht, dass Wikinger Sklaven hatten, Menschen, die für andere arbeiten mussten.

„Sie wohnen im Nebengebäude", erklärt Gudröd. „Es liegt niedriger, so etwa einen Meter tief im Boden. Das spart Baumaterial und hält außerdem die Wärme besser im Haus. Meine Sklaven sollen ja nicht frieren." Er stößt die Tür zum Langhaus auf. „Immer hereinspaziert, meine Freunde."

1 Wandpfeiler aus Holz
2 Stützpfosten mit Stein fixiert
3 Dachsparren
4 Geflecht aus Stöcken und Zweigen; oft mit Lehm verkleidet
5 Grassoden als Dach
6 Firstbalken
7 Öffnung für Rauchabzug

Langhaus

Gudröds Familie

In der Mitte des Langhauses brennt in einer länglichen und mit Steinen eingefassten **Herdstelle** ein Feuer, das Licht und Wärme spendet. Der Qualm zieht durch ein Loch im Dach ab. Trotzdem ist der Wohnraum voller Rauch. Über der Herdstelle hängt ein großer Kessel. Entlang der Wände stehen mit Fell bedeckte **Bänke**, auf denen die Familie tagsüber sitzt und nachts wohl schläft. Betten sieht Kokosnuss nirgends. Außer einem groben Tisch, ein paar Hockern und **Truhen** gibt es keine Möbel. An Haken hängen Kleidungsstücke, Geräte und Waffen an den Wänden. An einer Seite hängt ein Wandteppich. In einem Nebenraum, der **Speisekammer**, lagern die Vorräte in Krügen, Schüsseln und Fässern.

„Gunnvor, schau, wer da ist!", ruft Gudröd – und sofort sind die Freunde von Kindern und Erwachsenen umringt.

„Sind das die Drachen und das Stachelschwein, die dir geholfen haben, Papa?", ruft ein kleines Mädchen.

„Gegen diesen Brodir, den ollen Trinkhornklauer!", schimpft ein Junge und fuchtelt mit einem Holzschwert herum. „Papa, wenn ich groß bin und ein starker Krieger, kann Brodir was erleben!" Gudröd streichelt seinem Sohn über den Lockenkopf.

„Da musst du aber warten, bis dir ein Bart wächst, Harald Gudrödson!"

„Willkommen, liebe Freunde",

sagt Gudröds Frau. Gunnvor ist groß, hat helle Haare, rote Wangen, geschminkte Augen und ein dickes Baby im Arm, das freundlich gluckst. Über einem langen Kleid trägt sie ein kurzes Kleid, das von zwei hübschen **Fibeln**, schön gearbeiteten Bronzebroschen, gehalten wird. An ihrem Gürtel baumeln zwei **Schlüssel**. Gunnvor lacht, als sie die Blicke der drei Freunde sieht. „Ich bin die Frau des Hauses und die Hüterin der Schlüssel", erklärt sie. „Nur ich habe Zugang zu unseren abschließ-

baren Truhen, in denen wir unsere Silbermünzen und den Besitz verwahren. Ich führe die Haushaltskasse."

„Ganz schön viel Verantwortung, Gunnvor", sagt Kokosnuss bewundernd.

„Und du musst gut rechnen können", sagt Oskar.

„Jetzt macht mal halblang", sagt Gudröd. „Als Mann habe *ich* das Sagen und bestimme über meine Familie. Ich verrichte alle Arbeiten, die außerhalb des Hauses anfallen: die Arbeit auf dem Feld, alle Handwerksarbeiten, den

Fischfang, die Jagd und den Hausbau."

„Und das machst du toll, Gudröd", lobt ihn Gunnvor. „Na ja, die ganz schweren Arbeiten wie Torf stechen und Mist auf die Äcker karren, überlasse ich den Sklaven", gibt Gudröd zu. „Und ohne Gunnvor wäre ich aufgeschmissen … "

„Ich kümmere mich um die Kinder, unsere Eltern und das Vieh", erklärt Gunnvor. „Ich sorge fürs **Essen**, für **Kleidung**, dass alle gesund und sauber sind. Ich töpfere **Gefäße** und webe **Stoffe**. Und wenn Gudröd den Sommer über unterwegs ist, kümmere ich mich auch um alles andere. Ich verteidige sogar den Hof, wenn wir angegriffen werden."

„Und ich helfe dir!", ruft der kleine Harald und schwingt wieder sein Holzschwert.

„Ich helfe dir auch, Mama", sagt das Mädchen. „Beim

Brotbacken und **Bierbrauen**, **Weben** und **Beerensammeln**."

„Ja, die Kinder helfen mit, sobald sie alt genug sind. Du wirst später einmal eine gute Wikingerfrau, Astrid", sagt Gunnvor zu ihrer Tochter. „Denn Wikingerfrauen wissen, was sie wollen. Wenn du merkst, dass dein Mann ein Grobian ist und dich und deine Familie nicht gut versorgt, kannst du die **Scheidung** verlangen, hörst du, Astrid? Und wenn er ins Reich der Toten nach Walhalla gegangen ist, kannst du als **Witwe** tun, was du möchtest. Du kannst deinen Hof allein bewirtschaften, wieder heiraten … oder auswandern."

„Aber du lässt dich von mir doch nicht scheiden, oder?", fragt Gudröd leise.

Gunnvor lacht. „Niemals, du Holzkopf! Allerdings musst du jetzt baden, damit du morgen beim Thing sauber bist."

Guten Appetit!

„Ich hoffe, ihr habt Hunger", sagt Gunnvor zu den Freunden, als sich die Familie am Tisch neben dem Feuer versammelt. Zwei alte Leute sitzen schon dort: Gunnvors Mutter Thorgerd und Gudröds Vater Tore. Thorgerd nickt ihnen freundlich zu. „Gastfreundschaft ist uns sehr wichtig", sagt sie. „Wer in der Kälte unterwegs ist und einen Platz am warmen Feuer braucht, bekommt ihn. Nicht wahr, Tore?"

Aber Tore starrt abwesend ins Feuer.

„Opa träumt von seinen Heldentaten als junger Krieger", flüstert Astrid den Freunden zu und stellt Brot auf den Tisch: ein flaches **Sauerteigbrot**, das auf einem Blech über dem Feuer gebacken wurde. Und **Knäckebrot**, harte, runde Scheiben mit einem Loch in der Mitte. Durch das Loch werden Holzstangen geführt, sodass die Scheiben nach dem

Obstsaft

Butter

Dickmilch

Rote Grütze

Knäckebrot

Fische

Stockfisch

kurzen und sehr heißen Backen noch trocknen können. Nach und nach bringt Astrid Schüsseln mit **Fisch**, **Fleisch**, **Kohl**, **Erbsen**, **Zwiebeln**, **Gemüsesuppe**, **Dickmilch**, **Käse**, **Butter**, **Salz** und eine **Grütze** aus roten Beeren.

„Wir essen, was wir anbauen und in der Natur sammeln", erklärt Gunnvor, als sie alle sitzen. „Vor allem Fisch. **Stockfisch** trocknen wir auf Gestellen. So haben wir im Winter Vorräte und im Sommer nehmen ihn die Männer als Proviant auf ihre Fahrten übers Meer mit. Sachen, die wir nicht selbst anbauen oder herstellen können, kaufen wir von Händlern aus anderen Ländern."

„Wir lieben große Feste mit üppigen **Festgelagen**", sagt Gudröd. „Das **Mittsommerfest** zur Sommersonnenwende am 21. Juni und, noch wichtiger, das **Julfest** zur Wintersonnenwende am 21. Dezember."

„Danach werden die Tage wieder länger", sagt Astrid. „Die Winter hier im Norden sind lang und dunkel. An manchen Tagen geht die Sonne gar nicht richtig auf. Ich freue mich immer aufs Julfest!"

Kohl

Braten

Erbsen

Brot

Zwiebeln

Käse

„Die Familienfeste im Herbst sind aber auch toll!", erzählt Harald. „Wenn die Ernte eingebracht ist, haben alle gute Laune und Zeit zum Feiern! Familie und Freunde sind das Wichtigste im Leben eines Wikingers!"

Gudröd nickt. „An normalen Tagen essen wir nur zweimal, morgens vor der Arbeit das *dagverthr*, also das Tagmahl – meistens eine dicke Getreidegrütze. Und abends, nach der Arbeit, das *náttverthr*, das Nachtmahl. So wie jetzt, ihr seid genau zur richtigen Zeit gekommen!"

„Das Brot ist lecker", sagt Kokosnuss und beißt genüsslich in den weichen Fladen. Ein bisschen knirscht es zwischen den Zähnen, weil kleine Steinchen vom **Mahlstein** dazwischen sind.

Gunnvor freut sich. „Für unsere Gäste habe ich reines Getrei-demehl zum Backen genommen. Aber wenn im Frühjahr die Mehlvorräte langsam zu Ende gehen, mische ich auch **Erbsenmehl** oder gemahlene Kiefernrinde darunter."

Sägespäne im Brot? Die Freunde schauen sich an. Aber dann sagt Kokosnuss: „Ich hab mal gelesen, dass Kiefernrinde viel Vitamin C enthält. Das ist gesund für die Zähne und den Körper."

„Vita-was? Wovon sprichst du, kleiner roter Drache?", wundert sich Gudröd. „Aber wenn du sagst, dass unser Mehl gesund ist, wird es wohl stimmen. **Krankheiten** sind die Strafen der Götter. Wir pflegen unsere Körper. Einmal in der Woche wird gebadet und das Haar gewaschen. Trotzdem werden wir immer wieder von geheimnisvollen Krankheiten heimgesucht. Zum Glück kennt sich Gunnvor gut mit

Heilkräutern aus. Doch in vielen Familien erleben die Kinder ihren fünften Sommer nicht…" Er seufzt und sagt dann: „Also, Gunnvor, wenn es gesund ist, Kiefernrinde ins Mehl zu mischen, dann solltest du das immer machen!" „Wie du meinst", sagt Gunnvor. „Hier, Gudröd, schenk dir und deinem Vater noch etwas **Bier** nach. Es ist frisch gebraut."

Die Kinder trinken Milch, Wasser und **Obstsaft**. „Köstlich", sagt Gudröd und wischt sich einen Schaumrest aus dem Bart. „Aber wenn ich im Süden bin, werde ich wieder etwas von diesem Traubensaft mitbringen, der lustig macht. Trauben wachsen hier nicht, deswegen ist **Wein** etwas ganz Besonderes für uns Wikinger."

Wie die Wikinger zu Wikingern wurden

„Tore, erzähl uns von deinen Heldentaten!", rufen die Kinder nach dem Essen.

Der alte Mann blickt in die Runde. „Ich werde euch von den Anfängen aller Anfänge erzählen, als die Welt jung und wir Wikinger wild und gefährlich waren."

„Wikinger sind immer noch wild und gefährlich", wendet Harald ein, aber sein Großvater widerspricht: „Längst nicht mehr so wild und gefährlich wie einst, als meine Urahnen begannen, schlanke Schiffe zu bauen, die Segel zu hissen und die Küste Skandinaviens zu verlassen. In unseren Erzählungen sind diese Helden bis heute lebendig." Er blickt ins Feuer, als würde er die Helden dort vor sich sehen.

„Ihr müsst wissen: Alles hängt mit allem zusammen. Als die Wikinger im Norden stark wurden, war Europa im Süden zerstritten und schwach. Das große, gut organisierte Reich der Römer war etwa 400 Jahre zuvor untergegangen – überrannt von verschiedensten Völkern. Neue Königreiche wurden gegründet, die sich gegenseitig bekriegten. Im Frankenreich regierte um das Jahr 800 der starke König **Karl der Große**. Doch als er 814 starb, zerfiel sein Reich. In Al-Andalus[3] und im Norden Afrikas siedelten muslimische Araber in ihren Kalifaten[4]. Deswegen getrauten sich die Christen nicht mehr, die alten römischen

[3] Das sind heute Spanien und Portugal.
[4] Ein Reich, das von einem Kalifen regiert wird, heißt Kalifat.

Handelsrouten entlang des Mittelmeeres zu befahren. Sie verlegten ihre Handelsrouten in den Norden, in die Nord- und Ostsee … nicht weit entfernt von unseren Küsten. Die Kirche der Christen war schon damals reich. In den Klöstern lagerten wahre Schätze, und die Mönche waren keine Krieger. Unsere Schiffe sind schnell und wir Wikinger mutige Seefahrer. Unser Land ist karg – und auch wir lieben Reichtum. Als unsere Vorfahren von den Reichtümern in den Klöstern hörten, machten sich im Jahr 793 die ersten Wikinger auf den Weg. *viking*, so heißen diese Beutezüge. Als die Flotte in **Lindisfarne** im Nordosten Englands landete und die Wikinger das Kloster überfielen, stießen sie auf keinen Widerstand. Die Wikinger nahmen alles mit, was nicht niet- und nagelfest war – und verschwanden so schnell, wie sie gekommen waren. Seither gehen viele Männer aus dem Norden auf Raubfahrten, aber nicht alle. Man nennt uns Wikinger, ob wir nun auf *viking* fahren oder nicht. So wurden wir alle zu Wikingern, gefürchtet und geachtet in ganz Europa."

**Ruine des Klosters
von Lindisfarne**

Erik der Rote

„Natürlich geht man nicht einfach an Bord eines Schiffes und segelt los", sagt Gudröd. „Ein Schiff ist teuer. Nur reiche Wikinger besitzen eins. Deswegen wird auf dem Thing beschlossen, welche Mannschaft mit welchem Schiff wohin aufbricht. Auf *viking* fahren die Jungen, die Starken, die, die sich noch ihre Hörner abstoßen und Ruhm erwerben wollen."

„Also unternehmt ihr nicht nur Seeräuberfahrten?", fragt Matilda.

„Keineswegs!", ruft Gudröd. „Wir sind als **Händler** unterwegs auf großen **Handelsschiffen**. Als **Entdecker** reisen wir auf hochseetauglichen Schiffen. Und wir schicken Versorgungsboote zu unseren Siedlungen in Island und Grön-land. Erinnert ihr euch an **Erik den Roten**?"

„Wie könnten wir den vergessen?", grummelt Oskar.

„Nachdem er einen Mann umgebracht hat, wurde er vom Thing verbannt", erzählt Gudröd. „Er ist mit seiner Mannschaft nach Island gereist. Dort siedeln viele Wikinger aus Norwegen und Irland. Aber auch da hat er jemanden umgebracht."

„Auweia, dann heißt Erik nicht nur wegen seiner Haarfarbe ‚der Rote' …", murmelt Matilda.

„Er ist wieder losgefahren und hat Grönland entdeckt", erzählt Gudröd. „*Grünes Land*, so nannte er es. Dort hat er eine Siedlung gegründet und wurde ein geachteter Herrscher. Aber eine Siedlung ist nur dann erfolgreich, wenn die Bewohner sich vor Ort selbst versorgen können. So manche Waren gibt es in Grönland jedoch nicht. Und Erik und seine Leute hatten ebenfalls interessante Tauschwaren: zum Beispiel **Walross-Elfenbein** und echte **Eisbären**! Die sind an den europäischen Königshöfen heiß begehrt. Aber es ist sehr gefährlich, sie zu fangen."

„Was? Ihr handelt mit Tieren?", ruft Kokosnuss erbost. Gudröd zuckt mit den Schultern. „Wir handeln mit Tieren und Menschen. Auch Sklavenhandel ist ein sehr einträgliches Geschäft."

„Also echt", schnaubt Matilda. „Ihr Wikinger habt nicht alle Hörner am Helm."

„Sowieso nicht", sagt Gudröd und kichert. „Deswegen sehen wir ja auch ohne mit der Wimper zu zucken allen Gefahren entgegen."

„Na, morgen siehst du erst einmal dem Thing entgegen", sagt Gunnvor. „Tagelange Verhandlungen! Wir sollten schlafen gehen."

Auf zum Thing!

Am nächsten Morgen, nach dem *dagverthr*, brechen Gudröd und die drei Freunde auf. Gudröd spannt zwei kleine zottelige Pferde vor einen Wagen und verabschiedet sich von seiner Familie. Dann geht's los. Die Fahrt ist holprig und mühsam, denn richtige Straßen gibt es nicht. Die Wege gleichen eher Trampelpfaden. Kokosnuss, Matilda und Oskar sitzen auf der schwankenden Ladefläche. Zwischen ihnen rutscht ihre Proviantkiste hin und her, in der die Koksnüsse klappern.

„Wir fahren zum Sitz unseres **Jarls**. Das ist eine Art Häuptling", sagt Gudröd gut gelaunt. „Wir Wikinger haben keine Staaten und Kaiser wie die Leute im Süden. Zugegeben, die Idee hat etwas, deswegen versuchen auch hier einige Könige die Oberhand zu gewinnen. Aber bei uns regieren vor allem mächtige Familien, die **Sippen**, die auch oft im Streit miteinander liegen."

„Das klingt anstrengend", findet Oskar. „Und wie wird man bei euch König?"

„**König** kann jeder Sohn eines Königs werden, aber er muss sich von den freien Männern beim Thing bestätigen lassen", erklärt Gudröd. „Und ordentlich Geschenke austeilen. Schwächlinge und arme Schlucker wählen wir nämlich nicht, ist ja klar. Wenn ein König nicht hält, was er verspricht, setzen wir ihn wieder ab. Der König macht nicht die Gesetze. Die machen wir selber, beim **Thing**."

„Und da fahren wir jetzt hin!", ruft Kokosnuss.

Gudröd nickt. „Diesmal wird aber kein König gewählt, dafür wird ein extra Thing ausgerufen. Bei einem normalen Thing werden Streitigkeiten vorgebracht und Urteile gefällt, also Recht gesprochen. Es gibt verschiedene Formen des Things, die zu verschiedenen Zeitpunkten abgehalten werden. Auf dem Thing heute wird festgelegt, welche Männer auf welchem Schiff zu welcher Küste aufbrechen. Wichtige Entscheidungen, die von freien Männern getroffen werden. Frauen und Sklaven sind nicht zugelassen."

„Und Stachelschweine und Drachen?", fragt Kokosnuss.

„Fremde dürfen eigentlich nicht dabei sein. Aber ihr seid meine Glücksbringer", sagt Gudröd. „Außerdem brauchen wir ein neues Segel für euer Schiff. Deswegen kommt ihr mit."

„Na toll, vielleicht haben wir ja gar keine Lust", beschwert sich Matilda.

„Zufälligerweise haben wir aber Lust", sagt Kokosnuss schnell.

„Dann sind wir wieder unterwegs mit echten Wikingern!",

ruft Oskar und schwingt das Holzschwert, das ihm Harald zum Abschied geschenkt hat. Schon bald erreichen sie die **Jarlsburg**: ein stattliches Langhaus mit festen Wänden aus Holz und Steinen. Links und rechts stehen mehrere Nebengebäude: Unterkünfte, Ställe, Werkstätten, aus denen Hämmern und Klopfen über den Hof schallen. Rund um die Jarlsburg laufen zwei hohe **Befestigungswälle**, zwischen denen die ankommenden Wikinger ihre Wagen und Tiere abstellen. Viele sind zu Fuß gekommen.

Als Gudröd und die drei Freunde das Haupthaus betreten, stehen sie in einer weiten **Halle** mit geschnitzten Holzsäulen. In Pfannen brennen Feuer und an den langen Tischen sitzen Wikinger und prosten sich mit Bier und Honigwein, dem **Met**, zu. An der Stirnseite steht ein Tisch quer. Daran sitzen einige Männer in feiner Kleidung. Ihre Umhänge sind mit Fell und kostbaren Fibeln und Schnallen verziert. Sie tragen dicke Ketten mit Edelsteinen am Hals. Ganz klar, das sind der **Jarl** und seine Familie.

Als der Jarl Gudröd und die Freunde erblickt, macht er große Augen. „Du hast die Wahrheit gesagt, als du erzählt hast, dass du einen Drachen getroffen hast?"

„Zwei Drachen", sagt Oskar.

„Und ein Stachelschwein", sagt Matilda.

Von den Bänken erheben sich drei Männer und kommen lachend auf sie zu: Einar der Zappelige, Ulfbjörn der Freundliche und Olaf der Grimmige, die sie schon bei ihrer letzten Begegnung mit den Wikingern kennengelernt haben.

„Sieh an, die fliegende Tomate", kichert Olaf.

„Aber hallo!", ruft Kokosnuss und fliegt eine Runde um die Köpfe der erstaunten Wikinger. „Soll ich auch Feuer speien?" „Lass das lieber bleiben", sagt der Jarl, der sich wieder gefasst hat. „In der Halle gibt es viel zu viel Holz, das brennen könnte. Was wollt ihr?" „Wir wollen mit Gudröd auf Handelsfahrt gehen", sagt Matilda. „Wir brauchen nämlich ein neues Segel für unser Schiff."

„Das muss das Thing entscheiden", bestimmt der Jarl. Und wie auf Befehl erheben sich alle und laufen aus der Halle auf einen freien Platz unter einem alten Baum.

Der Jarl hebt die Arme. „Das Thing ist eröffnet! Wir beginnen mit Gudröds Fall!", ruft er. „Wir haben kein Gesetz, das erlaubt, Drachen und Stachelschweine mit auf große Fahrt zu nehmen!"

Die Männer murren und zeigen damit, dass sie nicht einverstanden sind.

„Wir haben aber auch kein Gesetz, dass es verbietet, großer Jarl", lenkt Olaf ein. „Wir hatten das letzte Mal so viel Spaß mit den dreien. Wir würden sie gern mitnehmen."

„Außerdem werden sie uns vor Unglück und der Midgardschlange beschützen", sagt Gudröd. „Wenn wir zwei Drachen an Bord haben, wird uns niemand angreifen."

Der Jarl wiegt den Kopf. „Da hast du recht, bei Odin. Also, dann bestimme ich Folgendes: Ein Drache fährt mit Gudröd dem Schmächtigen nach Hait-

habu, der andere Drache fährt mit Alfsigr dem Wohlriechenden nach Island. Für die gefährliche Überfahrt kann er einen Drachen gebrauchen."

„Wir fahren aber nur zusammen", sagt Kokosnuss.

Der Jarl verdreht die Augen. „Wie wollt ihr euer Segel überhaupt bezahlen?"

„Mit Kokosnüssen!", ruft Kokosnuss. Er holt aus der Proviantkiste eine Kokosnuss heraus, öffnet sie und reicht sie dem Jarl zum Probieren. „Und?"

„Köstlich!", ruft der Jarl. „Eine Speise für die Götter! Sicher ein Vermögen wert. Dafür bekommt ihr ein prächtiges Segel. Nun gut: Wer ist dafür, dass die drei zusammen fahren?", fragt er die Versammlung.

Alle Männer rufen und hauen laut ihre Schwerter auf die Schilde.

„Gut, das Thing hat beschlossen, dass ihr mit Gudröd nach Haithabu fahrt", sagt der Jarl. „Wer hat als Nächster etwas vorzubringen?"

Gudröd zieht die drei zufrieden mit sich. „Das hat geklappt. Und außerdem habt ihr nun erlebt, wie ein Thing funktioniert: Wir bringen unsere Anliegen vor und bestimmen gemeinsam, was passieren soll. Jeder kann sagen, was er denkt, und die Abstimmung geschieht durch lautes Rufen. Nur …"

„Nur was?"

„Nur ob ein **Urteil** über einen Verbrecher so ausgeführt wird, wie beschlossen, ist nicht immer klar", gibt Gudröd zu. „So mancher, vor allem reiche Leute kommen ohne Strafe davon, wenn sich keiner traut, das Urteil zu vollstrecken. Das läuft bei uns noch nicht so gut …"

Im Hafen

„Jetzt zeige ich euch unser Schiff", sagt Gudröd und führt die drei aus der Jarlsburg in die nahe gelegene Bucht. In einem Hafen liegen große und kleine Schiffe!

„Boah", staunt Kokosnuss.

„So viele **Drachenschiffe**! Die sehen ja toll aus!"

„Wir bauen die besten Schiffe der Welt", sagt Gudröd stolz. „Sie sind leicht, schnell und wendig und den klobigen Schiffen der Engländer und Franken im Süden weit überlegen. Wir bauen unsere Schiffe nach einem Grundgerüst, aber mit unterschiedlicher Ausführung – je nachdem für welchen Zweck wir sie brauchen. Kleine Schiffe für den Fisch- und Walrossfang. Große, schlanke Schiffe für Raubüber-

fälle. Breitere solide Schiffe für Handels- und Entdeckungs- fahrten. Flache Schiffe, um an Küsten entlang und auf Flüs- sen zu fahren … Schaut mal, dort wird gerade ein Schiff ge- baut."

Zusammen laufen sie zu einer **Baustelle** am Strand. Etwa 20 Männer bearbeiten mit ihren Äxten, Beilen und anderen Werkzeugen lange Baumstäm- me. Ein Mann blickt von ei- nem gebogenen Holzstück auf und wischt sich den Schweiß von der Stirn.

„Tach, Gudröd", grüßt er. „Na, bald wieder auf großer Fahrt?"

„Du sagst es, Ingvar. Aber vor- her zeige ich meinen Freun- den unsere verschiedenen Schiffsmodelle", sagt Gudröd und stellt den Freunden den

Mann vor: „Das ist Ingvar, unser **Stevenbauer**."

„Was ist denn ein Steven?", fragt Oskar.

„Die **Steven** sind die hochgezogenen Enden des Kiels, vorn und hinten im Schiff", erklärt Ingvar. „Damit liegt das Schiff auch bei hohem Wellengang gut im Wasser. Die Steven verlängern den Kiel eines Schiffes am Bug und am Heck nach oben und halten das Ganze zusammen. Sie sind etwa gleich lang, so kann das Schiff in jede Richtung gesteuert werden. Die Steven werden von mir mit reichen **Schnitzereien** verziert und am **Kiel** befestigt. Der Kiel ist so flach, dass wir mit unseren Schiffen sogar auf dem Strand landen können.

Dann bauen wir das **Gerippe** aus Querbalken, Rippen und Spanten. Daran werden die **Planken** mit Nietnägeln aus Eisen genagelt. Die Planken werden niemals gesägt, sondern nur mit **Äxten**, **Beilen** und **Keilen** in Wuchsrichtung des Baumstamms abgespalten. So sind sie stabil und elastisch, obwohl sie nur drei Zentimeter dick sind. Sie werden in **Klinkerbauweise** angebracht: Das heißt, die Planken überlappen sich wie Dachziegel. Die Lücken werden mit Tierhaaren und Pech abgedichtet. Im **Rumpf**, also dem Schiffsbauch, werden **Ruderbänke** eingezogen oder ein Deck, unter dem Waren verstaut werden können. Unsere Schiffe werden mit Muskel- und Windkraft vorwärts bewegt. Die Ruder heißen **Riemen**. Aber vor allem wird gesegelt. Der **Mast** wird über einem **Verstärkungsbalken** am Kiel angebracht, so hält er sogar starken Stürmen stand. Aber wenn der Wind zu heftig wird, lässt sich der Mast umlegen. Das Segel kann im Sturm auch als Schutzplane verwendet werden, damit nicht alles über Bord gespült wird.

Das **Segel** ist ein viereckiges Tuch aus gewalkter Wolle, die unsere Frauen gesponnen und auf ihren **Webstühlen** gewebt haben. Die Stoffbahnen färben sie in unterschiedlichen Farben. Wenn sie sie dann zusammennähen, entstehen Streifen und andere Muster. Das Tuch wird mit **Fett** bestrichen, sodass Regen- und Meerwasser daran abperlen. Und natürlich besitzen unsere Schiffe auch **Anker**."

„Und vergiss nicht, das **Steuerruder** zu erwähnen", wirft Gudröd ein. „Das ist leicht schräg und um seine eigene Achse

drehbar. Es ist hinten auf der rechten Seite befestigt."
„Deswegen heißt die rechte Seite vom Schiff bis heute **Steuerbord**", flüstert Matilda Kokosnuss und Oskar zu. „Und die linke Seite heißt **Backbord**."
„Wurde da gebacken?", fragt Oskar leise.

„Nein, die heißt vermutlich so, weil der Steuermann mit dem Rücken dazu stand. Und Rücken hieß in den alten Sprachen des Nordens *bak*."
Laut fragt sie Gudröd: „Welches der Schiffe hier ist unseres?"
„Die **Knorr** dort hinten", sagt Gudröd. „Kommt!"

Wir sind echte Wikinger!

„Odin, steh uns bei, da sind Orge und seine Freunde", murmelt Gudröd.

„Hehehe, Gudröd!", johlen da ein paar junge Männer, die vor einem großen Langschiff auf ihren Seekisten zusammensitzen. Offenbar warten sie darauf, an Bord gehen zu können. „Na, bist du zu alt, um auf *viking* zu fahren?"

„Oder zu friedliebend!", krakeelt Orge und die anderen lachen.

„Was ist denn schlimm daran?", ruft Kokosnuss. „Meine Freunde und ich finden Frieden gut."

„Ein friedlicher Drache, da wird ja das Walross in der Pfanne verrückt!", ruft Orge und haut sich auf die Schenkel. „Frieden ist langweilig!

Wir fahren auf *viking* und erleben große Abenteuer! Wir sind echte Wikinger!"

„Abenteuer kann man auch erleben, ohne Leute zu beklauen!", ruft Matilda.

„Aber ohne Klauen hat man keine Schätze. Ohne Schätze kein Reichtum, ohne Reichtum kein Ansehen", entgegnet Orge. „Die Mönche in den Klöstern an den Küsten und die Könige, die in den Burgen entlang der Flüsse im Frankenreich wohnen, die haben Schätze. Mit unserem Schiff kommen wir schnell, nehmen mit, was wir brauchen, und sind schnell wieder weg. Vollzack! Bei einem Überfall machen wir immer ganz viel Lärm, sodass die Leute Angst um ihr Leben bekommen und uns ihre Schätze freiwillig geben." Er holt eine Karte aus der Kiste und breitet sie vor den Freunden aus. „Schaut mal", sagt er und deutet auf die bunten Linien. „Anfangs haben wir Wikinger nahegelegene Ziele in England und im Norden des Frankenreichs überfallen. Dann sind wir immer weiter gefahren, die Küsten entlang und die Flüsse hinauf – bis zu den großen Städten. Auf dem Rhein bis nach Köln, auf der Elbe bis nach Hamburg und auf der Seine bis nach Paris. Der westfränkische König Karl der Kahle hat 7000 Pfund Silber bezahlt, damit die Wikinger-Flotte Paris verschont. Und sein Neffe Karlmann musste ein paar Jahre später sogar 12 000 Pfund Silber blechen, um die Belagerung der Stadt zu beenden. Jedes Jahr kamen neue Truppen, und das Lösegeld wurde immer höher. **Danegeld** oder **Dänengeld**, so wird es genannt. Nur, damit die Wikinger abziehen, ohne Schaden anzurichten." „Na ja, eine Zeit lang hat das mit den schnellen Überraschungsüberfällen in den

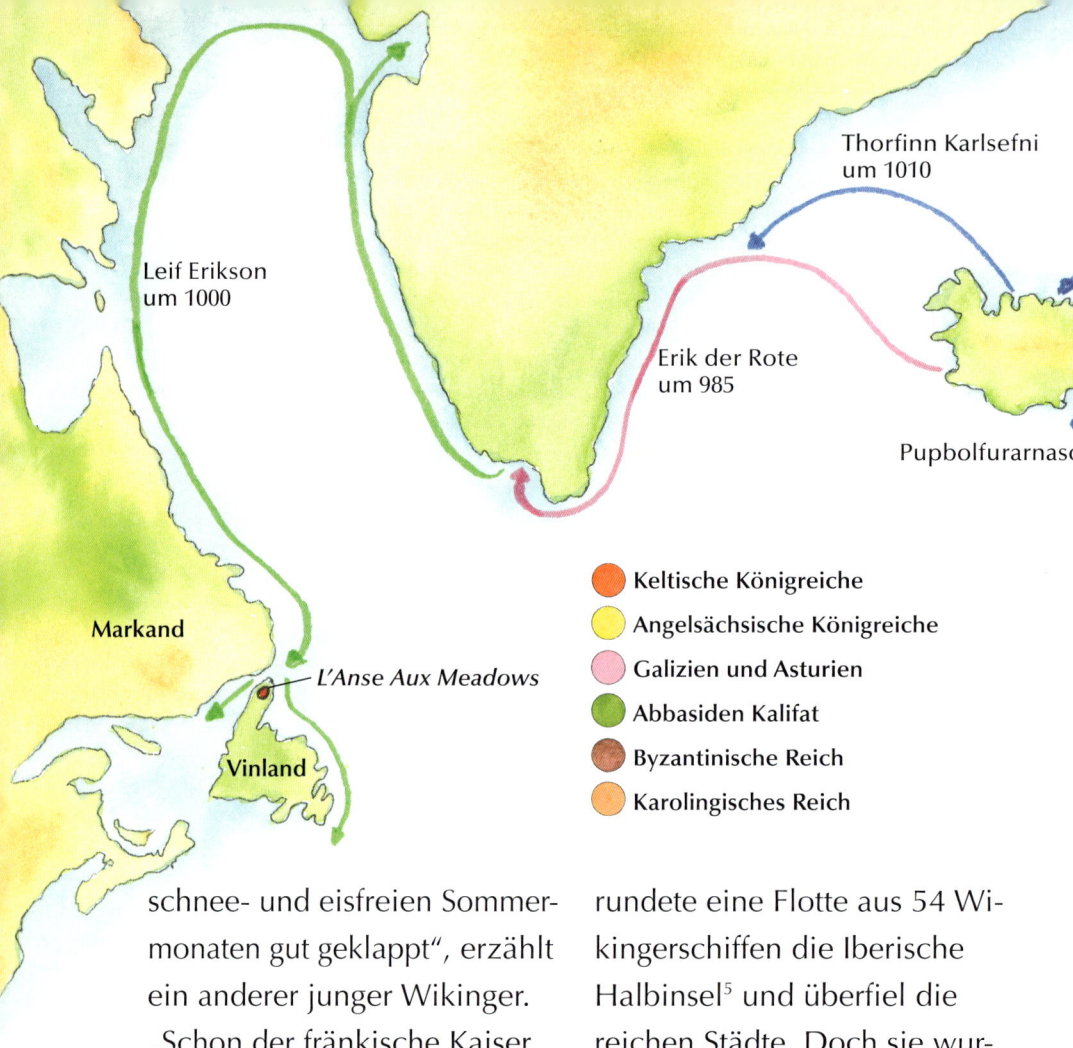

Thorfinn Karlsefni
um 1010

Leif Erikson
um 1000

Erik der Rote
um 985

Pupbolfurarnason

Markand

L'Anse Aux Meadows

Vinland

● Keltische Königreiche
○ Angelsächsische Königreiche
● Galizien und Asturien
● Abbasiden Kalifat
● Byzantinische Reich
● Karolingisches Reich

schnee- und eisfreien Sommermonaten gut geklappt", erzählt ein anderer junger Wikinger. „Schon der fränkische Kaiser Karl der Große hat Schutzwälle gegen uns entlang der Küste bauen lassen. Aber das hat nichts genützt. Nur, wo wir auf Widerstand stoßen, ziehen wir fix wieder ab, zum Beispiel in Al-Andalus. Im Jahr 844 umrundete eine Flotte aus 54 Wikingerschiffen die Iberische Halbinsel[5] und überfiel die reichen Städte. Doch sie wurden erfolgreich zurückgeschlagen, und bei der Rückeroberung der Stadt Sevilla mussten die Nordmänner schwere Verluste einstecken."

[5] Das ist der Teil Europas, auf dem heute Spanien und Portugal liegen.

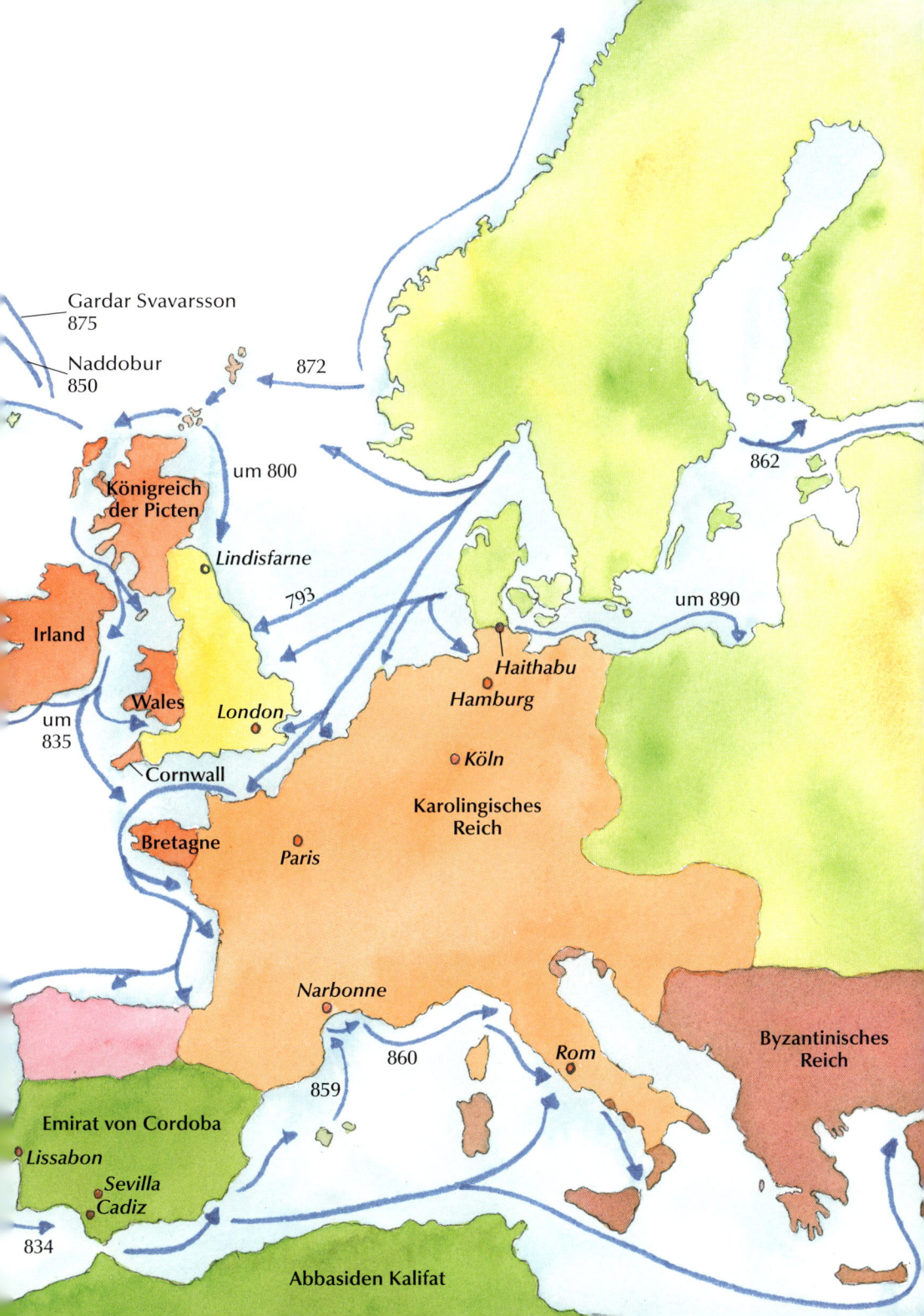

Gardar Svavarsson
875

Naddobur
850

872

862

um 800

Königreich
der Picten

Lindisfarne

793

um 890

Irland

Haithabu

Hamburg

Wales

London

Köln

um
835

Cornwall

Karolingisches
Reich

Bretagne

Paris

Narbonne

Rom

Byzantinisches
Reich

860

859

Emirat von Cordoba

Lissabon

Sevilla
Cadiz

834

Abbasiden Kalifat

Eroberer und Siedler

„Haha, aber Wikinger lassen sich nicht unterkriegen!", ruft Orge. „Deswegen haben sie ein paar Jahre später noch eine große Expedition rund um die Iberische Halbinsel bis ins Mittelmeer unternommen. Vier Jahre waren die Schiffe unterwegs, von 859 bis 862, und haben sogar Städte in Nordafrika und Italien angegriffen."

„Ungeschützte lohnende Orte zu finden, wird aber immer schwieriger", sagt Gudröd.

„Und, pfui Spinne, es gibt sogar mordende Wikingertruppen, die unsere Dörfer, Frauen und Kinder angreifen, wenn wir im Sommer unterwegs sind."

„Zur Hölle mit den Wikingern!", ruft einer der Jungen.

„Wir sind doch selber Wikinger!", sagt Orge.

„Gibt es etwa gute Wikinger und schlechte Wikinger?", fragt Kokosnuss.

Gudröd zuckt die Schultern. „Was für die einen gut ist, ist für die anderen schlecht. So ist es doch immer, oder? Die Wikingertruppen mussten jedenfalls immer weitere Fahrten unternehmen – zu weit, um schnell wieder nach Skandinavien zurückzufahren. Deswegen sind sie dann im Land geblieben. Wikinger aus Dänemark und Norwegen haben in England Städte und Ländereien erobert und sich Winterquartiere eingerichtet. So um die 2000 bis 3000 Männer sollen sich im Jahr 865 in England gesammelt haben. Sie zogen zu Fuß und zu Pferd als Eroberer kämpfend durchs

Land. Sie haben auch eigene Dörfer und Städte gegründet, zum Beispiel bei dieser Expeditionsfahrt im Mittelmeer. Da ließen sie sich sogar in Süditalien und auf der Insel **Sizilien** nieder. Andere haben in England und in Irland Städte aufgebaut, zum Beispiel **Dublin**."

„Die Hauptstadt von Irland wurde von Wikingern gegründet?", ruft Kokosnuss. Das ist ihm neu.

Wie Rollo Franzose wurde

„Sprecht ihr von Eroberungen und Besiedlungen?", fragt Olaf der Grimmige, der gerade vorbeikommt. „Da kann ich eine tolle Geschichte beisteuern: Im Frankenreich sind jahrzehntelang Wikingertruppen eingefallen und haben geplündert und gebrandschatzt, was das Zeug hielt. **Jarl Rollo** hatte mit seinen Männern immer wieder die Gebiete entlang der Seine verwüstet. Da unternahm der westfränkische **König Karl III.** einen gewagten Schritt: Er schloss mit Rollo im Jahr 911 einen **Friedensvertrag** und gab ihm Ländereien im Nordwesten des Frankenreichs zum

Lehen – und seine Tochter Gisela zur Frau."

„Er hat Rollo durch einen Schwur zu seinem Gefolgsmann gemacht?", fragt Orge.

„Genau", sagt Olaf. „Er hat dem Wikingerhäuptling Land an der Küste anvertraut, um es vor einfallenden Wikingern zu schützen. Schlau, was? Aber die List hätte beinahe nicht geklappt, denn bei der Zeremonie mit dem Schwur sollte Rollo vor dem König niederknien und ihm die Füße küssen."

„Pah, ein Wikinger kniet vor niemandem!", rufen die jungen Wikinger.

Olaf kichert. „Das fand Rollo auch. Also sollte einer der Gefolgsmänner den Fuß des Königs so weit anheben, dass Rollo ihn, ohne zu knien, küssen konnte."

„Ob das wohl geklappt hat?", fragt Kokosnuss.

„Na ja, Leute, passt auf, was geschah", sagt Olaf. „Der König verlor das Gleichgewicht und fiel auf den königlichen Allerwertesten!"

Die Wikinger grölen vor Lachen.

Olaf wischt sich eine Träne aus den Augen. „Am Ende hat der Vertrag aber gehalten. Rollo hat mit seinen Leuten das Land erfolgreich gegen einfallende Wikinger verteidigt. Er selbst nannte sich nun Graf Robert und seine Männer haben mit fränkischen Frauen Familien gegründet und blieben als Siedler. So wurden die wilden Normannen, wie man uns Nordmänner auch nennt, bald gute Untertanen des fränkischen Königs."

„Und weil dort nun Normannen lebten, heißt die Gegend bis heute **Normandie**, alles klar!", ruft Kokosnuss.

Wir stechen in See!

„Genug gequatscht, jetzt geht die Reise los!", sagt Gudröd. Seine Mannschaft ist vollzählig: Auf der Knorr fahren außer ihm nur Olaf, Einar, Ulfbjörn und dessen Sohn Ove Ulfbjörnson mit. Und natürlich Kokosnuss, Matilda und Oskar. Einar und Ulfbjörn haben genau aufgepasst, als die Waren an Bord genommen wurden. Jetzt prüfen sie, dass die kostbaren Felle, die Walross-Stoßzähne und die Eisen- und Silberbarren ordentlich vertäut sind, damit nichts über Bord gespült wird. Gudröd ist sehr zufrieden.

„Damit werden wir in Haithabu ein kleines Vermögen machen", sagt er. Er stellt sich ans Steuer und gibt den Befehl zum Auslaufen. Die vier Männer legen sich in die Riemen:

Sie rudern mit aller Kraft, bis das Schiff in der Mitte des Fjords liegt und sich Wind im Segel fängt. Dann legen sie die Ruder beiseite und ziehen an den Tauen, bis sich das Segel bläht.

„Volle Kraft voraus!", ruft Gudröd. „Auf nach Dänemark!"

„Ist es schwer, so ein großes Schiff zu lenken?", will Kokosnuss von Gudröd wissen.

„Wenn man weiß, wie es geht, ist es nicht schwer. Wir sind die besten Seefahrer unserer Zeit", sagt Gudröd stolz. „Wie wir Wikinger uns auf hoher See orientieren, ist eigentlich ein Geheimnis, aber euch verrate ich es: Natürlich halten wir Ausschau nach gut sichtbaren **Landmarken**, also hohe Felsen, Inseln und so. Wir fol-

gen den **Küstenverläufen** und wir kennen die **Meeresströmungen**. Und wir beobachten den **Flug der Vögel**, die in der Dämmerung immer Richtung Land fliegen. Aber wir scheuen auch nicht die offene See. Tagsüber orientieren wir uns am Stand der Sonne und in der Nacht an den Sternen. Ein paar Hilfsmittel haben wir auch, zum Beispiel den **Sonnenkompass**, eine Art tragbare Sonnenuhr."

„Und wenn die Sonne gar nicht scheint?", fragt Matilda. „Ja, das passiert hier im Norden ganz oft", antwortet Gudröd. „Mal ist es nebelig, mal ist es bewölkt. Im Nordmeer herrscht im Winterhalbjahr oft

sogar nur Dämmerlicht, weil die Sonne kaum mehr aufgeht." „Und was macht ihr dann?", fragt Kokosnuss.

Gudröd holt einen viereckigen durchsichtigen Kristallstein aus der Tasche. „Das ist mein **Sonnenstein**. Durch den Calcit-Kristall bricht sich das Sonnenlicht in zwei Bündeln. Wenn ich den Stein drehe, bis sich beide Bündel in einem Punkt treffen, kann ich den Stand der Sonne selbst bei starker Bewölkung genau bestimmen. Das mache ich mehrmals am Tag. So kommen wir mit unserem Schiff nicht vom Kurs ab." „Dann kann ja nichts schiefgehen!", ruft Kokosnuss.

Götter und Dämonen

„Pssst", macht Gudröd. „Sag das nicht zu laut, sonst beschwörst du ein Unglück herauf! Unsere Götter sind ziemlich launisch. Um sie ranken sich viele Geschichten!"
„Erzählst du uns eine?", fragt Oskar.
„Ich erzähle euch von unserer Welt… wie wir Wikinger sie uns vorstellen", raunt Gudröd. „Die Welt ist ein Baum! Die Äste der Weltenesche **Yggdrasil** ragen hoch in den Himmel, und ganz oben, in der Baumkrone, thronen die Götter. Hier in **Asgard** und **Wanenheim** wohnen die mächtigsten Götterfamilien: Odin mit seiner Gemahlin Frigg, sein Sohn Thor, Freyr und dessen Schwester Freya und viele andere. Nach **Walhalla** führen die

Walküren die im Kampf gefallenen Krieger, wo sie von Odin bewirtet werden. Dann gibt es in den Zweigen links und rechts noch andere Höfe, in denen die Neben- und Halbgötter wohnen. Wir Menschen leben in **Midgard**, dem *Hof in der Mitte*. Asgard und Midgard sind durch die **Regenbogenbrücke Bifröst** miteinander verbunden. Midgard ist vom Midgardmeer umgeben. Hier haust die riesige **Midgardschlange**. Keiner kann es mit ihr aufnehmen – außer Thor. Hinter dem Wasser, am Ende der Welt, liegt **Utgard**, *der äußere Hof* – das Zuhause aller Feinde der Götter und Menschen: grässliche Riesen, Trolle und böse Zwerge… und der hinterlistige Drache **Fafnir**."

„Ein böser Drache?", wundert sich Kokosnuss.

„Es kommt noch schlimmer!", erzählt Gudröd weiter. „Denn unten, im Wurzelwerk der Weltenesche, liegt das **Totenreich**, über das die Totengöttin **Hel** herrscht. An den Wurzeln der Esche knabbern Schlangen und versuchen, den Baum zum Verdorren zu bringen. Die drei **Nornen**, die das Schicksal aller Menschen und Götter „spinnen", gießen die Wurzeln mit Wasser aus einer heiligen Quelle. Die Sage **Ragnarök** erzählt vom letzten Kampf der Götter gegen den Gott **Loki** und seine dämonischen Anhänger … und vom Untergang der Welt."

„Weltuntergang? Das klingt aber gruselig", findet Matilda.

„Ja, Ragnarök möchte keiner von uns erleben", sagt Gudröd. „Aber noch halten unsere Götter Loki in Schach."

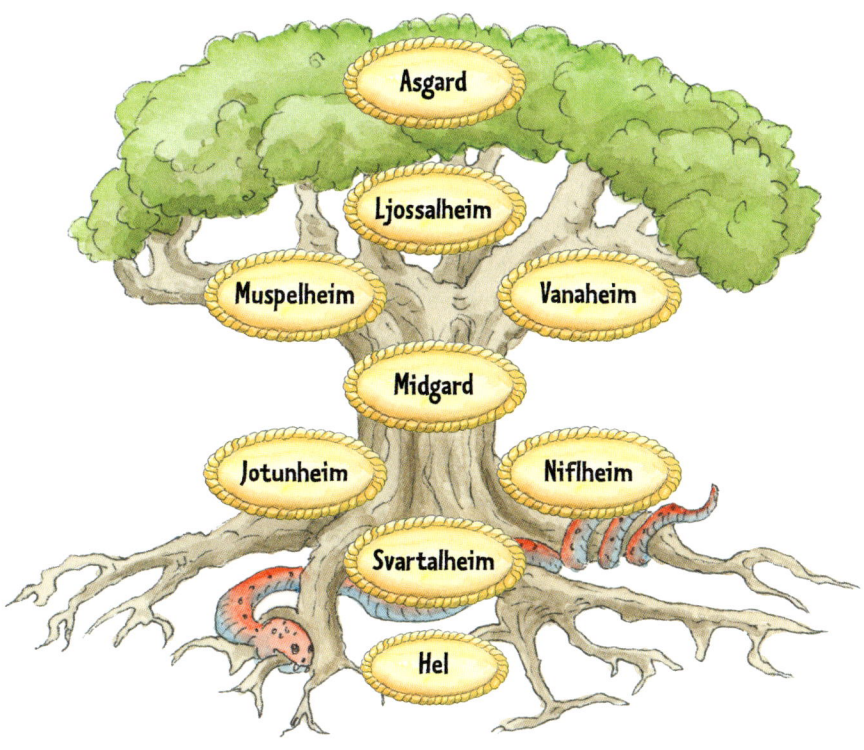

Odin ist das Oberhaupt der Götter. Er ist wunderbar, rätselhaft und sehr launisch! Die Krieger verehren ihn als Kriegsgott, doch nur heldenhafte Tapferkeit kann ihn milde stimmen. Von unseren Dichtern wird er verehrt, weil sein magischer Skaldenmet, eine Art Zaubertrank, ihnen gute Ideen für Lieder und Geschichten gibt. Auf seinem achtbeinigen Pferd **Sleipnir** reitet Odin über Himmel, Erde und Wasser. Um Weisheit zu erlangen, hat Odin ein Auge geopfert. Seine Raben **Hugin** und **Munin** tragen ihm Nachrichten aus der ganzen Welt zu, deswegen weiß Odin alles. Und als er das Geheimnis der Runen, unserer Zauberbuchstaben, ergründen wollte, hing Odin neun Tage lang kopfüber an der Weltenesche. Deswegen nennen wir ihn Gott der Gehängten. Oder Beherrscher von Zauber und Magie. Odin hat viele Namen, denn er hat viele Geheimnisse.

Thor ist ganz anders. Er ist Odins Sohn und der Gott des Wetters, weshalb er besonders von den Bauern verehrt wird. Wenn er seinen magischen Hammer **Mjöllnir** schwingt, wenn er Jagd auf die bösen Riesen und Dämonen macht, dann blitzt und donnert es. Thor ist der Freund der Menschen und will sie schützen.

Freyr ist der Gott der Fruchtbarkeit. Ihm bringen wir Opfer, damit er für gute Ernten, gesunde Kinder und Frieden sorgt. Trotzdem unterliegt er im Weltenkampf Ragnarök dem Feuerdämon **Surtr**.

Seine Schwester **Freya** ist die Göttin der Liebe, des Frühlings und des Glücks.

Balder ist der Sohn von Odin und seiner Frau Frigg. Er ist der wohltätigste, schönste und klügste aller Asen und wird von allen bewundert. Der missgünstige Gott **Loki** ist deswegen neidisch auf Balder. Durch eine List gelingt es ihm, Balder zu töten. Die Wikinger bringen Loki keine Verehrung entgegen. Obwohl er – genau wie Odin – weder eindeutig gut noch böse ist…

Haithabu – Ankunft in einer Weltstadt

„Puh, sogar in eurer Götterwelt lauern Gefahren", stöhnt Matilda. „Ein Wunder, dass ihr euch vor die Haustür und sogar aufs offene Meer wagt!"

„Tja, Mut beginnt eben damit, die eigene Angst zu überwinden", sagt Gudröd.

„Und Wikinger kennen keine Angst!", brüllen Einar, Ulfbjörn und Olaf.

„Land in Sicht!", ruft Ove Ulfbjörnson.

„Bald sind wir in Haithabu!", sagt Gudröd. „Jetzt segeln wir an der dänischen Ostküste entlang bis in den Süden. Die **Schlei** ist ein Meeresarm, der tief ins Landesinnere ragt. Und am Ende liegt **Haithabu**, die *Siedlung auf der Heide*."

„Haithabu wurde von dänischen Wikingern als Handelsplatz gegründet", erklärt Olaf, als sie das ruhige Gewässer der Schlei erreicht haben. „Der Ort liegt sehr günstig: Von Osten her erreicht man ihn per Schiff auf der Schlei, von Westen her auf dem Fluss **Treene**. Und von Norden nach Süden verläuft eine **Handelsstraße**. Der dänische König verdient sich eine goldene Nase an dieser Handelsstadt. Denn natürlich erhebt er **Steuern** auf die Waren, die hier ankommen und weiterverkauft werden. Und auch auf den Produkten, die von den vielen Handwerkern geschaffen werden, liegen Steuern."

Gudröd nickt. „Ich hoffe auch, einen guten Handwerker zu finden, der Schmuck und Waffen herstellt."

„In Haithabu leben Händler, Handwerker und Werkzeugmacher aus vielen verschiedenen Ländern, ihr werdet es sehen!", sagt Olaf. „Für mich ist das Stadtleben ja nichts. Viel zu wuselig. Rund 1500 Menschen leben in der Stadt. Und sie beherbergt bestimmt genauso viele Gäste! Nein, nein, ich ziehe mein kleines Dorf vor. Schon, weil es nicht so gefährlich ist."

„Wieso ist es in der Stadt gefährlich?", will Matilda wissen. „Na, zum einen zieht eine Stadt unehrliche Leute an", erklärt Gudröd. „Und zum anderen lockt der Reichtum feindliche Krieger. Haithabu wird ständig überfallen, auch von Wikingern. Schaut mal, deswegen ist es durch neun Meter hohe, starke Wälle geschützt, dem **Danewerk**. Gut 30 Kilometer Schutzwälle insgesamt – vor allem, um den **Landweg** vom Handelsplatz zur 16 Kilometer entfernten Treene zu sichern. Sogar im Wasser stehen Wälle. Jetzt passieren wir das Schlei-Sperrwerk Stexwig."

Vor einem hohen Palisadenzaun, der quer durch eine Enge im Meeresarm gebaut wurde, müssen sie stoppen. Wachmänner mit Helmen und Speeren überprüfen Gudröd und die Ladung. Erst, als die Wachen sicher sind, dass sie als friedliche Händler kommen, dürfen sie den Grenzwall durchfahren.

Kokosnuss, Oskar und Matilda reißen die Augen auf: Auch der Hafen von Haithabu ist durch einen hohen Palisadenzaun gesichert. Als sie in den Hafen einfahren, tut sich vor ihnen eine bunte Welt mit viel Lärm und verschiedensten Gerüchen auf. An einer **Landungsbrücke**, die ins Wasser ragt und an der Schiffe aus aller Welt liegen, legt die Knorr an. Die Freunde springen an Land. Gudröd und die Mannschaft müssen sich nun darum kümmern, dass das Schiff entladen wird und die Waren verkauft werden.

„Zeit, die Weltstadt Haithabu zu erkunden!", ruft Kokosnuss. „Und ein Segel zu finden, vergiss das nicht", sagt Matilda. Im Hafen stapeln sich Fässer, Stoffballen, Körbe und Tongefäße. **Salz**, **Getreide**, **Wein** aus dem Rheinland und andere Lebensmittel werden hier verkauft oder zum Weiter-

transport auf andere Schiffe geladen. Ein Weg aus Holzbohlen führt vom Hafen ins Stadtzentrum. Wie eine Großstadt sieht Haithabu nicht aus, findet Kokosnuss. Die Häuser sind klein, aus Holz und Lehm und die Dächer mit Schilf gedeckt. Doch auf den Straßen wimmelt es von Leuten mit unterschiedlichsten Hautfarben und Kleidern. In vielen Sprachen verhandeln sie miteinander. Einige Werkstätten sind nach vorn hin offen. Die Freunde sehen **Bronzegießer**, **Schuster**, **Töpfer**, **Schmiede**, **Bernsteinschleifer**, **Glasperlenmacher** und **Schiffszimmerleute**. Es wird mit Pelzen, Walross-Elfenbein, Keramik und Luxusgütern aus fernen Ländern gehandelt, etwa feinen Stoffen, Gewürzen und Silberwaren. Die Händler wiegen die **Silbermünzen**, mit denen bezahlt wird, auf einer

52

Handwaage mit **Gewichten** genau aus.

„Guckt mal, hier werden **Kämme** gemacht", sagt Oskar und bleibt vor einer Werkstatt stehen.

Der Mann blickt von seiner Arbeit auf. „Ja, das Kamm-macher-Handwerk ist sehr angesehen. Es erfordert viel Geschick, die feinen Zähne zu sägen. Aber Kämme braucht jeder, deswegen ritze ich oft den Namen des Besitzers ein."

„Hast du auch einen Kamm für meine Stacheln?", fragt Matilda.

Der Mann lacht. „Bedaure", sagt er. „Vielleicht hat mein Kollege um die Ecke so etwas? Aber verlauft euch nicht. Hai-thabu ist groß, also, jedenfalls für unsere Verhältnisse. Hier leben **Friesen**, **Dänen**, **Schwe-den**, **Norweger**, **Sachsen**, **Franken**, **Slaven** friedlich zu-sammen. Und wir bekommen auch Besuch von Fremden aus Al-Andalus, Byzanz, Bagdad und dem Orient. Hier trifft sich die ganze Welt!"

Waffen und andere Kostbarkeiten

Kokosnuss, Matilda und Oskar laufen weiter … und stehen plötzlich vor einer **Waffenschmiede**. Mit einem großen Hammer schlägt der Schmied auf ein Stück Metall. Immer wieder hält er es ins Feuer, bearbeitet es und kühlt es dann zischend im Wasser ab.

„Was soll das werden?", fragt Kokosnuss neugierig.

„Ein ganz besonderes Schwert", antwortet der Schmied. „Ein zweischneidiges **Langschwert**. Einen Meter wird es lang! Die Waffe für einen König, ein Statussymbol[6]. Ein Schwert ist die kostbarste Waffe, die ein Wikinger besitzen kann. Die Männer versuchen oft, auf ihren Raubzügen in Franken Schwerter zu erbeuten, denn das sind die besten Waffen der Welt. Aber auch wir Nordmänner sind geschickte Schmiede." Er deutet auf das Arsenal, das hinter ihm steht und an der Wand hängt. „Ich fertige auch **Speerspitzen**, **Beile**, **Äxte**, **Messer** und **Schildbuckel** an. Und **Helme**."

„Ohne Hörner", sagt Kokosnuss.

„Natürlich ohne Hörner", sagt der Schmied. „Viel zu gefährlich! Daran könnte im Kampf

[6] Mit einem Statussymbol zeigt man, wie wichtig und reich man ist. Heute sind große Autos ein Statussymbol. Den Wikingern waren Waffen und Schmuck wichtig.

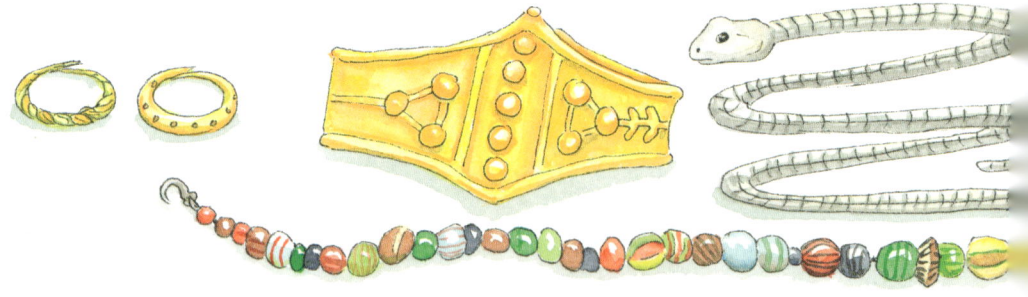

ein Schwert hängen bleiben und schlimme Verletzungen verursachen. Eine gute Ausrüstung kann sich nicht jeder leisten. Wir Wikinger haben keine Rüstungen oder Uniformen wie die Krieger aus den südlichen Ländern. Jeder besorgt sich, was er auftreiben kann. Viele haben nur eine **Lederkappe**, ein Messer und **Pfeil und Bogen**. Wir Wikinger sind gute Bogenschützen. Unsere Kampfregeln sind nicht so komisch wie die der fränkischen Ritter. Wir hauen drauf, Mann gegen Mann."

In der Schmiede gegenüber lacht der junge Schmied auf. „Stimmt, Göran, du bist der Mann fürs Grobe. Bei mir findet ihr feinen Schmuck aus bunten Glasperlen, Silber und Gold. Wie wäre es, verehrte Stachelschwein-Dame? Vielleicht ein hübscher Halsreif aus verflochtenen Silberdrähten? Oder ein Armreif oder ein Ring? Ich fertige auch Schmuck für Männer, zum Beispiel Spiralarmreifen, die wie Schlangen aussehen und am Oberarm getragen werden."

„Die sehen toll aus", sagt Matilda. „Aber eigentlich brauchen wir ein Segel für unser Schiff."

„Da müsst ihr zu den Webern gehen, drei Gassen weiter", sagt Göran, der Waffenschmied.

„Danke!", rufen die Freunde und stürzen sich ins Getümmel.

Um Gottes Willen

Plötzlich stehen die Freunde vor einem etwas größeren Haus. Ein hölzerner **Turm** mit einer **Bronzeglocke** steht daneben. Der Türrahmen ist kunstvoll geschnitzt und über der Tür hängt ein Kreuz.

„Ist das eine Kirche?", wundert sich Matilda. „In Haithabu?" Ein junger Mönch öffnet die Tür. „Oh, Besuch!", freut er sich. „Mein Name ist Benedikt! Willkommen in unserer Kirche! Der heilige **Ansgar von Bremen** ließ sie bereits im Jahre des Herrn 850 erbauen, um christlichen Bewohnern und Reisenden hier einen Ort für ihre Gottesdienste zu geben. Von Haithabu aus brechen auch **Missionare** in den Norden auf, also Mönche, die den Nordmännern von unserem Herrn Jesus Christus erzählen. Ansgar selbst wird der *Apostel des Nordens* genannt, denn er scheute keine Mühen, um die Wikingerkönige von unserem Glauben zu überzeugen." Er schüttelt den Kopf. „Aber es ist gar nicht so einfach, diesen stolzen Dickschädeln den Christenglauben beizubringen. Viele können es einfach nicht fassen, dass nur ein einziger Gott alles lenken und richten kann, wozu es bei ihnen einen ganzen Himmel voller Götter braucht."

„Vermutlich finden sie ihre eigenen Göttergeschichten voller Kämpfe und Abenteuer spannender, stimmt's?", fragt Kokosnuss.

Benedikt nickt. „Diese Geschichten erzählen sie sich

seit Generationen, und das schweißt sie zusammen. Bislang hat die noch keiner niedergeschrieben. Das Christentum ist eine **Buchreligion**: In der **Bibel** stehen alle Geschichten von Gott und seinem Sohn Jesus. Aber Bücher kennen die Nordmänner nicht. Deswegen gehen sie mit diesen Kostbarkeiten oft so grausam um: Wie oft haben sie bei ihren Überfällen in den Klosterbibliotheken die Einbände der Bücher mit den goldenen Beschlägen und Edelsteinen abgerissen und die handgeschriebenen Buchseiten, den wahren Schatz, einfach achtlos weggeworfen!"

„Die Wikinger schreiben nichts auf? Haben sie keine Schrift?", will Kokosnuss wissen.

Starker Zauber

„Oh doch, die Buchstaben der Wikinger heißen **Runen**", sagt der junge Mönch. „Das bedeutet *Geheimnis*. Sie sind nicht nur Schriftzeichen, die für Laute stehen, wie unsere lateinischen Buchstaben. Es sind magische Zeichen, mit denen Zaubersprüche, Schwüre und Verwünschungen geschrieben werden. Das Wikinger-Alphabet wird **Futhark** genannt, nach den ersten sechs Zeichen. Jede Rune steht für einen Zauber, der Gutes oder Böses bedeuten kann. Das F-Zeichen bedeutet Glück und Wohlstand."

„Odin selbst hat, um das Geheimnis der Runen zu erfahren, tagelang an einem Baum gehangen, hat uns Gudröd erzählt", sagt Oskar.
„Aberglaube", tut der Mönch die Sage ab. „Aber so sind die Wikinger… In Wirklichkeit wurden die Runen schon vor Jahrhunderten von den Germanen[7] entwickelt. Sie hatten 24 Runen, den Wikingern reichen 16… Jedenfalls werden Runen nicht geschrieben, sondern geritzt: in Knochen, Metall, Holz und vor allem in Stein. Ich zeige euch einen **Runenstein**, kommt!"

[7] Die Germanen siedelten dort, wo heute Deutschland ist.

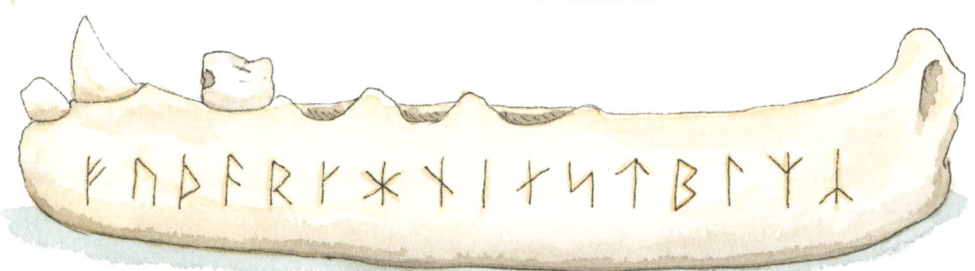

Benedikt führt die Freunde aus den belebten Straßen und Gassen auf ein Feld voller Hügel.

„Hier ist das **Grabfeld**. Die Wikinger beerdigen ihre Häuptlinge oft in großen **Hügelgräbern** mit reichen **Grabbeigaben**, manchmal ganzen Schiffen voll Essen, Schmuck und geopferten Tieren", erklärt Benedikt. „Auch die freien Männer bekommen, je nach Stand, Grabbeigaben mit, zum Beispiel ihre Waffen und Werkzeuge. Noch ein Unterschied zu uns Christen! Ah, hier seht ihr einen Runenstein. Da steht: *Asfrid, die Tochter Odinkars, machte diese Denkmäler nach zum Gedenken an König Sigtrygg, ihren und Knubas Sohn. Gorm ritzte die Runen.* Runensteine werden oft von Frauen gesetzt. Gorm ist der

Runenmeister, der den Stein entworfen und gefertigt hat. Runensteine werden aber nicht nur zum Andenken an einen Verstorbenen aufgestellt, sondern auch schon zu Lebzeiten, wenn jemand an seine Heldentaten erinnern möchte", erklärt er noch. „Und oft sind sie bunt angemalt und mit **Bildern** von Göttern, Tieren und Drachen und mit **verschlungenen Bändern** und **Mustern** verziert."

Christuskreuz und Thorshammer

Auf dem Rückweg zur Kirche sagt Benedikt lächelnd: „Wisst ihr, die Wikinger haben zwar andere Vorstellungen, aber sie sind auch weltoffen und anpassungsfähig. Viele sind zwar nicht richtig überzeugt vom christlichen Glauben, aber sie sehen, dass er ihnen Vorteile bringt, zum Beispiel beim Handel. Christliche Händler aus dem Süden trauen einem christlichen Wikinger eher – deswegen lassen sich viele taufen. Aber man darf sie nicht mit Weihwasser besprengen. So halten sie sich eine Hintertür offen, um noch zu ihren Göttern beten zu können. Viele tragen eine Kette mit dem Kreuz. Und einige gehen auf Nummer sicher und hängen sich außerdem noch ein Amulett mit dem Thorshammer um."

„Die Wikinger sind schlau", findet Kokosnuss.

„Das stimmt", sagt Benedikt und grinst schelmisch. „Aber wir Mönche sind auch nicht auf den Kopf gefallen: Um ihnen unsere christlichen Feste schmackhaft zu machen, verbinden wir sie mit ihren Traditionen. Unser **Weihnachtsfest** fällt fast genau mit ihrem Fest zur Wintersonnenwende zusammen, dem **Julfest**."

„In Dänemark, Schweden und Norwegen heißt Weihnachten auch noch immer *jul*", flüstert Matilda aufgeregt. „Scheint also geklappt zu haben."

„Inzwischen haben sich viele Wikingerkönige taufen lassen", erzählt Benedikt. „Zum Beispiel **Harald Blauzahn**[8], der berühmte König von Dänemark und Norwegen, und später dann **Knut der Große**[9], der König von England, Dänemark und Norwegen. Und aus dem fernen Island erreicht uns gerade die Kunde, dass Thorgeir als Sprecher des großen Althings verkündet hat, die ganze Insel solle ein Gesetz und eine Religion haben, um den Frieden zu sichern: Den christlichen Glauben[10].

Die Wikinger beginnen, prächtige Kirchen zu bauen! Nicht aus Stein, sondern aus Holz. Sie werden **Stabkirchen** genannt, denn sie ragen hoch auf, stabil auf tragenden und schwebenden **Masten**. Sie sind eben ursprünglich Schiffbauer, die Wikinger! Und auf den spitzen Satteldächern bringen sie **Drachen** an."

„Drachen?", staunen Kokosnuss und Oskar.

Benedikt nickt. „Damit halten sie die bösen Naturgeister fern." Er seufzt. „So ganz werden sie wohl nie vergessen, dass sie wilde Wikinger sind."

„Apropos Schiff", ruft Matilda. „Wir brauchen noch das Segel für unser Schiff!"

[8] Harald Blauzahn (910 – 987 n. Chr.) war ein kluger Kriegsführer und geschickter Verhandler. So wurde er König von zwei Ländern und führte dort das Christentum ein. Blauzahn hieß er wohl wegen seiner schlechten Zähne.

[9] Knut (995 – 1035 n. Chr.) war Blauzahns Enkel. Mit nur 21 Jahren eroberte er mit 200 Schiffen Teile von England und damit den englischen Thron.

[10] Diesen Beschluss fasste die Versammlung der freien Männer im Jahr 1000.

Nach Hause!

Schon bald finden die Freunde einen Segelmacher, der ihnen für ihre kostbaren Kokosnüsse ein wunderschönes, rot und weiß gestreiftes Segel eingetauscht. Es ist so schwer, dass sie es selbst zu dritt nicht tragen können. Deswegen bringt es ihnen der Segelmacher auf einem Wagen zum Hafen. Gudröd wartet schon auf sie. „Meine Geschäfte habe ich mit großem Erfolg abgeschlossen", jubelt er.

„Pssst, nicht so laut", mahnt Einar. „Nicht, dass das jemand hört…"
Aber Gudröd lacht nur und zeigt der Mannschaft, wo sie das Segel in der Knorr verstauen sollen. Das ist gar nicht so einfach, denn der Laderaum ist schon ganz schön voll.

„Wein, Gewürze und feine Stoffe", prahlt Gudröd. „Da wird der Jarl Augen machen! Auf, Leute, jetzt segeln wir nach Hause!"
Die Knorr legt ab. Wieder passieren sie den Palisadenwall von Haithabus Hafen und das Schlei-Sperrwerk – und schon bald haben sie die offene See erreicht.

„Schiff von Achtern!", meldet Ove.

„Wikinger!", ruft Einar.

„Und sie haben den **Drachenkopf** aufgesteckt!", schreit Olaf.

„Wollen die uns etwa überfallen?", fragt Kokosnuss.

„Sieht so aus. Du hast zu laut geprahlt, Gudröd!", schimpft Ulfbjörn.

Die Seemänner greifen zu den Rudern, und Gudröd steuert das Schiff geschickt an den Klippen der Steilküste entlang.

„Die kommen immer näher!", ruft Matilda.

„Kein Wunder, die haben bestimmt 50 Ruderer und wir nur vier!", sagt Oskar.

Kokosnuss hat eine Idee. Er fliegt hoch hinauf, hinter das große Segel. Er holt tief Luft und pustet. Die warme Luft des Feuerstrahls verschafft ihnen Antrieb, sie werden schneller! Aber nicht schnell genug … Schon hören sie das Johlen der Wikinger auf dem Drachenschiff!

Rettung in letzter Sekunde

Mit einem Mal geht ein Rumpeln durch das ganze Schiff. Mannschaft und Passagiere verlieren den Halt und purzeln durcheinander.

„Werden wir schon angegriffen?", ruft Oskar und lugt über die Reling. Aber das Wikingerschiff ist noch ein Stück entfernt … und entfernt sich immer weiter. Fährt es rückwärts?

„Wir fliegen", stammelt Ove. „Bei Odin!", schreit er. „Wir fliegen!"

„Opa Jörgen!", ruft Kokosnuss glücklich. „Du kommst genau richtig!"

„Sieht so aus", meint Opa Jörgen. Er hat sich die Knorr auf den Rücken gepackt und fliegt mit ihm auf und davon.

„Hast du uns gesucht?", will Kokosnuss von seinem Opa wissen.

„Na ja, als ihr nicht zum Abendessen da wart, habe ich mich gewundert. Und als ihr nicht zum Frühstück gekommen seid, ahnte ich, dass was passiert ist", sagt Opa Jörgen. „Diesen Sturm haben wir nämlich auch auf der Dracheninsel gespürt."

„Äh, Herr Drache", stammelt Gudröd. „Ich denke, Sie können uns jetzt runterlassen. Wir haben unsere Verfolger abgehängt."

Sanft setzt Opa Jörgen die Knorr auf dem Meer ab. Sie schaukelt kurz – und nimmt wieder Fahrt auf. Schon bald haben sie die Meerenge zwischen Dänemark und Schweden durchfahren und schippern an der Küste entlang nach Norwegen. Opa Jörgen und Kokosnuss fliegen um das Schiff herum. Kein Seeräuber wagt es mehr, sich ihnen zu nähern!

Als sie Gudröds Heimatküste erreichen, kommen die Dorfbewohner an den Strand und winken dem Schiff und den Drachen zu.

„Ich wusste doch, dass Drachen Glücksbringer sind", sagt Gudröd zufrieden. Noch bevor er mit seinen kostbaren Waren zum Jarl aufbricht, repariert er das kleine Wikingerschiff der Freunde. Das neue Segel sieht schick aus!

Kokosnuss, Matilda und Oskar verabschieden sich von Gudröd und den Wikingern und stechen in See in Richtung Dracheninsel!

Überall Wikinger!

„Die Wikinger waren ja überall! Sogar in Amerika und Russland", sagt Kokosnuss staunend. Zusammen mit Matilda und Oskar beugt er sich über die Karte, die ihnen Gudröd zum Abschied geschenkt hat. Opa Jörgen, der neben dem Schiff herfliegt, lacht. „Allerdings, hohoho. Die Wikinger hatten gute Schiffe und viel Mut – und beides zusammen hat sie an die entlegensten Küsten geführt. Die schwedischen Wikinger wurden **Waräger** genannt. Einige von ihnen unternahmen auch Seeräuberfahrten. Aber die meisten haben mit anderen Völkern gehandelt. So kamen sie bis ins heutige **Russland** und sogar nach **Byzanz** – also Istanbul – und nach **Bagdad**. Sie begannen auch, Gegenden zu besiedeln. Sie ließen sich friedlich nieder oder eroberten die Gebiete und gründeten Handelsplätze und Städte. Die Waräger waren so gefürchtete Krieger, dass der Fürst Wladimir von Kiew eine eigene ausgebildete und bezahlte Berufsarmee schuf: die **Warägergarde**! Im Westen brach Erik der Rote von Island aus nach Grönland auf."

„Das wissen wir schon!", ruft Kokosnuss. „Dort hat er die Ansiedlung von mehreren Hundert Menschen mit ihren Tieren organisiert."

Opa Jörgen nickt. „Erik hatte einen abenteuerlustigen Sohn namens **Leif Erikson**. Um das Jahr 1000 brach er mit 35 Männern auf, um ein sagenumwobenes Land zu finden: **Vinland** – Weinland. Das Klima war vor rund 1000 Jahren nämlich etwas milder als heute und auf der Insel **Neufundland** vor Kanada wuchsen damals noch wilde Trauben. Leif und seine Leute gründeten in **L'Anse-aux-Meadows** eine Siedlung. Allerdings blieben sie nicht lang. Warum, das weiß man nicht. Vielleicht bekamen sie Krach mit den dort lebenden Ureinwohnern, die von den späteren Siedlern „Indianer" genannt wurden. In jedem Fall gilt Leif Erikson als der erste Europäer, der amerikanischen Boden betrat und erkundete. 500 Jahre vor Christoph Kolumbus! Übrigens wird Leif aber nicht deswegen *der Glückliche* genannt, sondern weil er unterwegs Schiffbrüchige vor dem Ertrinken rettete."

Das Ende der Wikingerzeit

„Eins verstehe ich nicht", sagt Kokosnuss. „Wenn die Wikinger doch offenbar so mutig, stark und erfolgreich waren, wieso sind sie dann verschwunden?"

Opa Jörgen schmunzelt. „Sie sind nicht verschwunden. In den Ländern, die sie eroberten und besiedelten, haben sie sich mit der dort lebenden Bevölkerung vermischt. Sie haben Familien gegründet und ihre Traditionen übernommen. Auch ihren Glauben: Im Christentum war es verpönt, auf Raubzüge zu gehen, Menschen zu überfallen und gefangen zu nehmen. Na ja, jedenfalls andere Christenmenschen. Das Leben an den europäischen und orientalischen Höfen hat den Wikingern imponiert. Und die Idee von einem eigenen Staat hat ihnen gefallen. So entstanden nach heftigen Kämpfen die Königreiche Dänemark, Schweden und Norwegen."

„Und die wurden von Königen regiert, die sich taufen ließen und selber Christen waren", sagt Kokosnuss.

„Genau", sagt Opa Jörgen. „Als **Wilhelm der Eroberer** im Jahr 1066 aus der Normandie aufbrach, um den englischen Thron zu gewinnen, fühlte er sich schon nicht mehr als Wikinger. Er sprach Französisch und führte die Sprache auch am englischen Hof ein, als er dann **König** war. Und 1066 passierte noch etwas: Die Handelsstadt Haithabu wurde erobert und so schlimm zerstört, dass sie nicht wieder aufgebaut wurde."

„Auweia, Haithabu ist untergegangen? Zum Glück haben wir es uns vorher noch angeschaut", sagt Kokosnuss.

„Und unser schönes Segel gekauft!", ruft Oskar.

„Die Wikingerzeit, die im Jahr 793 mit dem Überfall auf das Kloster in Lindisfarne begann, endete also im Jahr 1066 … Nach rund 250 Jahren", sagt Opa Jörgen.

Land in Sicht!

„Alles klar!", ruft der kleine Drache Kokosnuss. „Die Wikingerzeit war also zu Ende. Aber die Wikinger gibt es immer noch. Sie leben in ihren Nachfahren in Skandinavien, Island und sogar Frankreich, Italien und Russland weiter! Viele glauben heute, sie wüssten, wie die Wikinger waren."

„Naturburschen und Raufbolde", sagt Matilda. „Mit viel Mut, aber ohne Benehmen. So wird es in vielen Büchern und Filmen gezeigt."

„Dabei waren die Wikinger ganz anders – und vor allem waren sie ziemlich unterschiedlich!", sagt Oskar.

„Weil die Wikinger während der Wikingerzeit kaum etwas über sich selbst aufgeschrieben haben, weiß man von ihnen nur das, was ihre Zeitgenossen über sie berichteten. Das waren aber meistens ihre Gegner oder Opfer, die sie als gemein und brutal darstellten", erklärt Opa Jörgen. „Viele Wikingergeschichten wurden erst 100 bis 200 Jahre später aufgeschrieben, zum Beispiel in der *Edda*. Darin hat der isländische Skalde[11] **Snorri Stroluson** wohl etwa im Jahr 1220 die Sagen der nordischen Götter aufgeschrieben. Ansonsten weiß man nur durch die Funde, die die Archäologen ausgegraben haben, wie die Wikinger gelebt haben."

„Und wo es Geheimnisse gibt, ist viel Platz für Fantasie", sagt Matilda. „Auch wenn es vielleicht so gar nicht war."

[11] So hießen die Dichter der Wikinger.

„Wir haben viel gelernt auf dieser Reise", sagt Kokosnuss und lacht. „Vor allem: Schon die Wikinger wussten, dass Drachen stark und magisch sind!"

„Land in Sicht!", ruft da Opa Jörgen. „Da vorne liegt die Dracheninsel!"

Bei diesem Buch wurden die durch das verwendete Material und die Produktion entstandenen CO_2-Emissionen ausgeglichen, indem der cbj Verlag ein Projekt zur Aufforstung in Brasilien unterstützt. Weitere Informationen zu dem Projekt unter: www.ClimatePartner.com/14044-1912-1001

Penguin Random House
Verlagsgruppe FSC® N001967

1. Auflage 2021
© 2021 cbj Kinder- und Jugendbuchverlag in der Verlagsgruppe
Penguin Random House GmbH, Neumarkter Straße 28, 81673 München
Alle Rechte vorbehalten
„Der kleine Drache Kokosnuss" ist eine Figur von Ingo Siegner.
Texte: Anna Taube, Bad Rodach
Lektorat: Hjördis Fremgen
Artwork & Design: Alfred Dieler, Darmstadt
Umschlagkonzeption: Init GmbH, Bad Oeynhausen
hf · Herstellung: AJ
Satz und Reproduktion: Lorenz & Zeller, Inning a.A.
Druck: Grafisches Centrum Cuno GmbH & Co. KG, Calbe
ISBN 978-3-570-17910-9
Printed in Germany

www.cbj-verlag.de
www.drache-kokosnuss.de
www.youtube.com/drachekokosnuss

Alle Kokosnuss-Abenteuer auf einen Blick:

Im bauchigen, etwa 16 Meter langen und 4 Meter breiten Rumpf
einer Knorr konnten bis zu 16 Tonnen Ladung (also etwa sechs
Elefanten) mitgenommen werden. So ein Handelsschiff war hoch-
seetauglich, aber langsamer als ein schlankes Drachenschiff.
Deshalb gab man ihm auch lustige Namen wie „Wellenschwein".
Der Laderaum lag offen und war Wind und Wetter ausgesetzt.
Die Mannschaft bestand nur aus wenigen Leuten und hatte auf
den beiden Halbdecks oft nur vier oder sechs Ruderplätze, um an
Engstellen zu manövrieren. Meistens wurde eine Knorr gesegelt.